CATALOGUE

DE

LETTRES AUTOGRAPHES

MANUSCRITS ET LIVRES

DONT LA VENTE AURA LIEU

Le Lundi 19 Mars 1860, et jours suivants

à 7 heures du soir

RUE DES BONS-ENFANTS, 28

Salle n° 1.

Par le ministère de M° **BAUDRY**, Commissaire-priseur,
rue Neuve-des-Petits-Champs, 36;
Assisté de M. **CHARAVAY**.

PARIS

CHARAVAY, LIBRAIRE

RUE DES SAINTS-PÈRES, 18 (CI-DEVANT RUE DE SEINE, 53).

—

1860

CATALOGUE

DE

LETTRES AUTOGRAPHES

1. **ACADÉMIE FRANÇAISE.** Six lettres aut. sig.
BOUFFLERS (le chevalier de). L. aut. sig. Gorée, 1786. 2 p. in-fol. légèrement coupée dans la marge de droite. SICARD (l'abbé), 3 p. in-4. VITET. 1 p. in-4. etc.

2. **ACADÉMIE FRANÇAISE.** Neuf lettres aut. sig.
CAMPENON, 1 p. in-4. PELETZ. 2 lettres, 2 p in-8. FONTANES 3 p. in-18. GUIZOT, 3/4 de p. in-4 MICHAUD, 1/4 de p. in-4, RAYNOUARD. 1 p. in-4. SAINTE-BEUVE, 1 p. in-8, et THIERS, 1/2 p. in-8.

3. **AFFRE** (Denis), archevêque de Paris.
L. sig. 1845, 1 p. 1/2 in-fol.

4. **ARANDA** (Don Pedro Pablo, comte d'), diplomate et homme d'État espagnol.
1° L. sig. en espagnol, Madrid, 1772. 10 p. 1/2 in-fol.; 2° Pièces aut. 3/4 de p. in-4; 3° Diverses pièces non autog.

5. **ARCHEVÊQUES** ET **ÉVÊQUES.**
Dix Lettres aut. sig.

6. **ARTUR**, duc de Bretagne, comte de Richemont, connétable de France, dit le Justicier.
Document sig. sur vélin. Bayeux, 24 mai 1450. In-fol. en travers. Belle pièce.

7. **AUTEURS DRAMATIQUES.** Dix lettres aut. sig.
Bayard, Melesville, Planard, Poirson (Delestre), Scribe, etc.

8. **BARBUEL-BEAUVERT** (le comte de), l'un des rédacteurs des Actes des apôtres, otage de Louis XVI, etc.
L. aut. sig. au ministre, Paris, 14 juillet 1815. 1 p. pl. in-4. Curieuse.
Il dénonce le conventionnel Thuriot, et demande la place qu'il occupe; à l'appui de cette demande, il fait l'énumération de sa vie politique.

9. **BAUFFREMONT** (Claude de), baron de Scey-sur-Saône, gouverneur d'Auxonne, ardent ligueur, gouverneur de Bourgogne.
Pièce sig. Besançon, 1er mars 1545. 1 p. in-fol., cachet.

10 **BEAUVILLIERS** (Paul, duc de), ministre d'État, gouverneur du duc de Bourgogne.
L. aut. sig. 1 p. 1/4 in-4.

11. **BERNADOTTE** (Désirée), reine de Suède.
L. aut. sig. au duc..., 1819. 3/4 de p. in-4.

12. **BERTHOLLET**, célèbre chimiste.

    L. aut. sig. au ministre, 10 juin 1816. 1 p. pl. in-fol., aussi signée par Arago et Gay-Lussac.
    Demande d'une souscription pour le *Journal des Annales de Chimie et de Physique.*

13. **BOSSUET** (J.-Benigne), évêque de Meaux.

    Mandement sur vélin de quatre grandes lignes aut. sig., contresigné par l'abbé *Ledieu*, au bas d'une bulle d'Innocent XII, 12 août 1699. In-fol. en travers.

13 bis. **BOUILLON** (E. Th. de Latour d'Auvergne, cardinal de).

    L. aut. sig. au prince de Turenne, 1687. 1 p. pl. in-4.

14. **BOURBON** (L.-Ad. de); en religion, sœur de la Miséricorde.

    L. aut. sig. au monastère du Temple, 15 août 1818. 1 p. in-8.

15. **BUGEAUD**, duc d'Isly, maréchal de France.

    L. aut. sig. 1841. 1 p. in-4.

16. **LE MÊME.**

    1° L. sig. au maréchal Soult, président du conseil; Alger, 21 mars 1847. 5 p. 1/4 in-fol.
    Importante pièce historique. Il vient d'envoyer au ministre de la guerre sa démission de gouverneur de l'Algérie, parce qu'il n'y a plus rien de grand à faire au point de vue de la conquête, et que ses plans de colonisation ont été contrariés par les chambres, même par le gouvernement, obligé de céder aux exigences du régime représentatif. Il défend ses colonies militaires contre les attaques de M. Genty de Bussy, et il déclare fausse l'assertion de M. Dufaure, à propos des 499 soldats qu'il aurait envoyés à Toulon pour s'y marier. Il lui est impossible de rester pour appliquer les idées de tout le monde et aucune des siennes. « Hier, j'avais à dîner MM. de Belbeyne et de Mareuil, qui arrivent pour prendre chacun 1200 hectares... Je ne veux pas me faire le distributeur des terres conquises par le sang et la sueur de nos soldats, à de gros tenanciers qui ne nous apporteront en échange que la faiblesse et la nécessité d'augmenter l'armée pour les garder et leur assurer la jouissance de leurs vastes propriétés ! L'ancienne féodalité avait conquis le pays, et longtemps elle se maintint la dague au poing et le casque en tête. Celle qui se forme en Afrique n'a rien conquis, et ne veut ni dague, ni casque ! Il ne lui faut que de gros revenus. ... » En attendant qu'on lui nomme un successeur, il espère donner à la France la Grande Kabylie.
    2° L. aut. sig. Alger, 1843. 1 p. in-4.

17. **BUONARROTI** (Michel), descendant de Michel-Ange, compromis dans la conspiration de Babeuf, dont il a écrit l'histoire.

    L. aut. sig. *Apôtre de la liberté envoyé par le général pour organiser le peuple de Saint-Antioche*, au commandant de l'île de l'Égalité (Saint-Antioche), 21 janv. an II (1793). 1 p. in-fol. *Rare.*
    Ses fonctions d'apôtre de la liberté lui imposent de concourir au soulagement de l'humanité souffrante, il ordonne de distribuer à trois pauvres mères de famille des blés qui appartiennent à des satellites du tyran de Sardaigne. « Je vous prie de veiller afin que ces trois malheureuses ne soient pas trompées dans la distribution. »

18. **LE MÊME.**

    L. sig. comme *commissaire national*, à Saliceti, Port-la-Montagne, 25 pluv. an II. 3 p. 1/2 in-4. *Rare.*
    Texte relatif à l'armement d'une flotte à Toulon.

19. **CAMPAN** (Mme de), directrice de la maison d'Écouen, auteur de *Mémoires.*

    L. aut. sig. 1818. 2 p. 3-4 in-4.
    Elle prie M. Girod de la rappeler au souvenir de M. de Marchangy, qui l'a si bien défendue contre les attaques de ses ennemis : « Dans un temps où mes adhérences me donnaient une défaveur dont de vils ennemis avaient voulu profiter... »

20. **CASTEL**, poète, auteur du poëme des *Plantes.*

    L. aut. sig., 16 avril 1805. 1 p. in-8.

21. CÉRUTTI, d'abord jésuite, puis publiciste libéral au commencement de la Révolution.

Pièce aut., 26 déc. 1790. 3 p. in-4.

Discours prononcé à l'Assemblée électorale de Paris, dont il vient d'être nommé secrétaire général. « Paris a signalé sa haine unanime pour les tyrans. Paris a travaillé sans relâche à la délivrance de l'empire ; cette enceinte où nous sommes semble destinée aux succès : elle a vu naître la liberté ; elle voit éclore la justice, qu'elle enseigne au peuple la concorde ! »

22. CHAPTAL (le comte de), célèbre chimiste, ministre, etc.

L. aut. sig. au ministre, Montpellier, 10 février 1784. 3 p. pl. in-4.

Belle et intéressante lettre dans laquelle il parle des bouteilles de Jave qu'il a présentées, en 1784, à la Société royale des sciences ; aujourd'hui que M. Faujas tend à lui enlever cette découverte, il réclame contre cette injuste prétention.

23. CHARDON DE LA ROCHETTE, savant philologue.

1° Cinq lettres aut. 8 p in-4 ; 2° diverses pièces autographes, 9 p. in-4

24. CHARLES VII, roi de France.

Pièce sig. sur vélin, Chinon, le 5 avril. In-fol. en travers. Jolie pièce.

25. CHARLES VI, empereur d'Allemagne et roi de Hongrie.

L. sig. avec la souscription aut., 3 déc. 1711. 3/4 de p. in-fol. Cachet.

26. CHARLET, célèbre peintre.

L. aut. sig. à Ed. Blanc. 1 p. pl. in-4. Jolie lettre très-spirituelle.

27. CHARLOTTE, reine de Suède, épouse de Charles III.

L. aut. au comte de Roib, 27 août 1816. 2 p. 1/2 in-8. Jolie lettre.

28. CHIFFONISTES et **MONÉDISTES** d'Arles.

L. aut. sig du citoyen *Montfort*, membre du club des Chiffonistes D'Arles.

Donnant de précieux renseignements sur les deux sociétés ci-dessus, d'où sont sortis les *Hébertistes* et les *Robespierristes*. En arrestation, il sollicite sa liberté, 7 p. pl. in-fol. Document historique très-curieux.

29. CHIMISTES. Huit lettres.

Bertholon (l'abbé). L. aut. sig. 1 p. in-4. Parmentier. L. aut. sig. 1 p. in-4. Raspail. L. aut. 2 p. in-fol. ; la fin manque. Sage. L. aut. sig. 1 p. in-4, etc.

30. CHORON (Alex.), écrivain sur la musique, membre de l'Institut.

L. aut. sig. Paris, 1814, p. 1/2 in-fol.

Il donne au ministre de l'intérieur un précis de ses travaux, et demande un emploi.

31. CLERGÉ. Cinq pièces.

Affre, arch. de Paris, apostille de 9 lignes aut. sig. au bas d'une pièce coupée. Garron (l'abbé). L. aut. sig. 1 p. in-4. Arnauld (Henry), évêque d'Angers. L. aut. sig. 1670. 1/2 p. in-4 tachée d'humidité. Montpezat (de), archevêque de Toulouse. L. aut. sig. 1680. 4 p. 1/2 in-4, relative au diocèse de Pamiers. Noailles (le cardinal de). L. sig. 1726. 2 p. in-4.

32. COLBERT (J.-B.), célèbre ministre, de l'Académie française.

L. aut. sig. Saint-Germain, 1668. 1 p. in-8.

33. CONDÉ (Louis de Bourbon, prince de), dit *le Grand*.

L. sig. à M. Chaseron, à Verdun, au camp de Chastenoy, 1675. 3/4 de p. in-4.

34. **CONDORCET** (Mme V[e]), femme du philosophe.
 L. aut. sig. à Ginguené. 1 p. pl. in-8, sur papier gaufré.

35. **CONSALVI**, cardinal, premier ministre de Pie VII.
 L. aut. sig. en italien. 1 p. in-4.

36. **CONSEIL EXÉCUTIF PROVISOIRE.**
 Délibération de ce conseil portant que le ministre de la marine (Monge), sollicitera de l'Ass. législative un décret qui fixe l'époque jusqu'à laquelle seront valables les congés et passeports maritimes; 28 août 1792, 2 p. in-fol.; pièce sig. en marge par *Danton, Monge, Servan, Roland, Clavière et Lebrun.*

37. **CONTI** (Louise-Élisabeth de Bourbon, princesse de).
 L. aut. sig. 1 p. 1/2 in-4.

38. **CONVENTIONNELS**. Huit lettres aut. sig.
 Beffroy, Dedeley D'Agier, Lesage Senault, Mathieu (Jacques), Millard, Vardon, etc.

39. **CONVENTIONNELS**. Neuf lettres ou pièces sig.

40. **COTTIN** (Mme), célèbre romancière.
 L. aut. à Michaud, de l'Académie. 1 p. 3/4 in-8.
 Épître pleine de sentiments affectueux. Elle lui fait toute une théorie de l'amitié. « Je ne suis point gaie, mais vous savez que ce n'est point mon naturel, ma gaîté vient de vous, et je n'en ai point quand je ne vous vois pas... Pardonnez-moi d'être encore un peu triste; la tristesse est si près de la tendresse dans le cœur. »

41. **COUDERC** (Aug.), peintre d'histoire.
 L. aut. sig. à M. de la Folie, 1820, 1 p. pl. in-4.

42. **CUSTINE**, général en chef des armées du Nord et des Ardennes; décapité en 1793.
 1° L. sig. au général Coustard, Breizenheim, 1793. 1/2 p. in-fol.; — 2° 1 p. sig. de la veuve de Custine 3 p. in-fol.; — 3° Pièce sig. de Fouquier-Tinville, 12 niv. an II. 1 p. in-4, avec tête imprimée du tribunal révolutionnaire. Autorisation à la citoyenne Custine de communiquer avec son mari, détenu à la Conciergerie; — 4° 6 pièces imprimées relatives à Custine.

43. **CUSTINE** (A., marquis de), littérateur et voyageur, fils du précédent.
 Copies de 61 lettres par lui écrites à diverses personnes de distinction, du 22 juin 1842 au 31 juillet 1843. La plupart relatives à ses voyages. Manuscrit aut., 145 p. 1 vol. in-8 rel. bas. au chiffre de M. de Custine.

44. **CUVIER** (Georges), savant illustre.
 L. aut. sig. à M. Boisbertrand, 17 avril 1830. 1 p. in-4.

45. **DACIER** (Bon.-J.), sav., membre de l'Acad. française.
 L. aut. sig. au comte de Montalivet, Paris, 14 mars 1810. 3 p. in-fol., tête imprimée.
 Relative au dessin de M. Raymond pour l'illumination de la Bibliothèque impériale à l'occasion du mariage de Napoléon.

46. **DEJAZET** (Mlle). Charmante actrice.
 L. aut. sig. 4 p. in-12.
 Jolie lettre à un auteur dans laquelle elle s'excuse de ne pouvoir accepter un rôle dans sa pièce.

47. **DELAMBRE**, astronome, de l'institut.
 L. aut. sig. au président de la classe des sciences morales et politiques, an IX. 1 p. in-4.

48. **DÉPUTÉS**. Dix lettres aut. sig.
 Chasseloup-Laubat, Chauvelin, Conny (Félix de), Larochejaquelein, Lynch, Madier-Montjau, etc.

49. **DÉPUTÉS DE LA RESTAURATION.**
 Quarante-deux lettres aut. sig. CONSTANT (Benj.), CHOISEUL (le duc de), DUPIN (Ch.), MARCELLUS, etc. Plus 14 lettres sig.

50. **DILLON** (Théobald), général, massacré par ses troupes en 1792.
Mémoire aut. sig. Lille, 20 mai 1791. 1 p. in-fol.

51. **DUCIS** (J.-F.), poëte tragique, de l'Académie française.
L. aut. sig. au représentant du peuple . . Versailles, an III. 2 p. in-4.
Recommandation pressante en faveur de son neveu.

52. **DUPONT DE NEMOURS** (P. Samuel), savant économiste, membre de l'Institut.
L. aut. sig. à Voltaire, Paris, 1er sept. 1769. 6 p. in-4. Très-intéressante lettre.

53. **DUPUCH**, évêque d'Alger.
L. aut. sig. au roi Louis-Philippe. Bordeaux, 22 octobre 1838. 4 p. in-4.
Très-belle lettre de remerciements de sa nomination à l'évêché d'Alger.

54. **ÉLISA BONAPARTE**, princesse de Lucques et de Piombino.
L. sig. avec la souscription aut. à sa sœur. Pise, 1812, 3/4 de p. in-4. Jolie lettre.

55. **ÉLISABETH CHRISTINE**, femme de Charles VI, empereur d'Allemagne.
L. aut. sig. à son neveu, Vienne, 2 octobre 1750, 3/4 de p. in-4.

56. **ÉLISABETH FARNÈSE**, reine d'Espagne.
L. sig. au duc de Penthièvre, Sainte-Ildefonse, 1754. 3/4 de p. in-4.

57. **ENGUEHART**, médecin du département de l'Oise.
L. aut. sig., au ministre, an II. 3 p. pl. in-fol.
Dans cette lettre, où il dénonce les médecins Verpes et Lapeur, il prend le titre de successeur de *Marat* en médecine et d'héritier de sa clientèle.

58. **ESPERNON** (Bernard Nogaret duc d'), colonel-général de l'infanterie, gouverneur de Guienne.
L. aut. sig., 29 avril 1649. 1 p. pl. in-4.

59. **FEMMES AUTEURS**. Trois lettres autog.
Beauharnais (Fanny de), 3 p. in-8. Cachet. Bourdic-Viot, 1799. 3/4 de p. in-4, et Genlis. 1 p. 1/4 in-8.

60. **FEMMES AUTEURS**. Quatre lettres autographes signées.
Montolieu (Isabelle de), 1 p. 1/4 in-4, Sand (George), 1 p. in-8. Stael (Mme de). Billet aut. 1 2 p. in-8, etc.

61. **FEMMES AUTEURS**. Quatre lettres autographes signées.
Abrantès (la duchesse d'), 1 p. in-8. Larochejaquelin (la marquise de), 1 p. in-4, Ségalas (Anaïs), 1 p. in-8. Verdier (Mme Allut), poëte, 1 p. 3/4 in-8. Jolie lettre.

62. **FEMMES AUTEURS** et autres. Onze pièces.
Du Cayla (Mme), amie de Louis XVIII. L. aut. sig. D. C. 1 p. 1 2 in-8. Geoffris (Mme). Pièce sig. 1774. Lebrun (Mme), peintre. L. aut. sig., 1 p. in-12. Marie-Amélie, reine des Français, 2 billets aut. de 8 lignes. Necker (Mme), 2 l. sig. Niboyet (Eugénie). 2 l. aut. sig. 3 p. in-4. Tallien (Mme). L. aut. sig. 1819. 3/4 de p. in-8. Talleyrand (la princesse de). L. aut. sig. 1/2 p. in-4. Ce lot pourra être divisé.

63. **FESCH**, cardinal, archevêque de Lyon.
L. sig. avec la souscription aut. à sa nièce. Rome, 1837, 1 p. in-8. Nouvelles du choléra à Rome.

64. **FLÉCHIER** (Esprit), évêque de Nîmes, de l'Académie française.

> Harangue autog. à M. de Bâville, gouverneur du Languedoc; 21 nov. 1689. 3 p. in-8
>
> Orateur de la députation des États de la province, le prélat loue beaucoup de Bâville de son zèle à rendre la justice, à protéger le commerce, à maintenir la tranquillité, et à conserver toute sa pureté à la religion.
>
> « Si vous n'avez pas toujours eu le bonheur de nous soulager, vous en avez eu le désir, vous avez adouci, quand vous l'avez pu, la rigueur des temps..... Nous espérons que ce sera par vous que nous viendront les soulagements de la paix. »

65. **FONVIEILLE** (le chevalier de), publiciste, économiste, auteur dramatique, etc.

> 1° L. aut sig. Paris, 1828, 4 p. in-4, relative à son écrit : *Lucifer ou la contre-révolution*; 2° Tableau de ses Œuvres complètes, dont la collection générale sera mise à son décès à la disposition de l'Acad. française. Paris, 17 août 1825. 3 p. pt. in fol.

66. **FOURCROY**, célèbre chimiste, conventionnel, etc.

> L. aut. sig. 3/4 de p. in-fol.

67. **GAUTHEROT**, peintre d'histoire.

> L. aut. sig. à M. Lafotte, 1822. 1 p. in-4 relative à son tableau de *Saint Louis donnant la sépulture aux soldats*.

67 bis. **LE MÊME**.

> L. aut. sig. 1818. 1 p. in-8

68. **GAY** (Delphine), poète.

> Vers sig. à M. Laval-Montmorency. Rome, 10 octobre ...
> 1 p. 1/2 in-8; puis 1. aut. sig. de *Sophie Gay*, sa mère. 1 p. in-18.

69. **GÉNÉRAUX**. Trois lettres aut. sig.

> CARNOT FEULINS, 1 p. in-fol. CUBIÈRES, 1 p. in-4. RIVAROL. 3/4 de p. in-4, plus 3 lettres sig.

70. **GÉNÉRAUX**. Quinze lettres aut. sig.

> *Athalin, Belliard, Dessolle, Paixhans, Ramigny*, etc.

71. **GÉNÉRAUX**. Dix-sept lettres sig.

72. **GÉRARD** (F, baron), célèbre peintre d'histoire.

> L. aut. sig. 3/4 de p. in-8.

73. **GOBEL** (J.-B.), évêque constitutionnel de Paris, décapité avec Hébert.

> L. aut. sig. Porrentruy, 1783. 4 p. in-fol.

74. **GODEFROY** (Denis), historiographe de France.

> L. aut. sig., à de la Reynie, 1677. 2 p. in-4.

75. **GRÉTRY** (And. M.), célèbre compositeur de musique, de l'Institut.

> *Convention entre la Prosodie et le Rhythme*. Manuscrit aut. avec ratures et corrections. 29 p. in-4, la plupart écrites à mi-page.

76. **GUADET** (Mme Ve), épouse du conventionnel girondin.

> L. aut. sig. au citoyen Bosc. 2 p. pt. in-4.
>
> Elle lui a envoyé une longue lettre dans laquelle elle lui fait le récit de ses malheurs; aujourd'hui elle lui adresse le citoyen *Porterotex*, une des victimes du monstre Robespierre, pour avoir défendu avec trop de zèle et d'énergie le parti de la Gironde.

77. **GUISE** (Marguerite de Lorraine, duchesse de), fille du Balafré.

> L. sig. avec la souscription aut. *S. D.* 1 p. pt. in-fol., relative au voyage du roi.

78. **HARDION** (Jacques), historien, littérateur, de l'Académie française.

> L. aut. sig. 1 p. in-4. *Rare.*

79. **HAUY** (Valentin), instituteur des aveugles travailleurs.
Pétition aut. sig. au roi Louis XVIII, Saint-Pétersbourg, 2 mai 1814. 1 grande p. double in-fol. Belle pièce.
Il rappelle ses services et demande diverses grâces, puis son retour en France.

80. **HELVETIUS** (Mme), femme du philosophe.
L. aut. à Mme Ginguené. S. D. 1 p. pl. in-4.

81. **HOHENLOHE** (Alexandre de), célèbre thaumaturge.
Pièce imprimée sig. Vienne, 1824. 1/2 p. in-4.
Promesse à Mme Chanet de dire des prières pour sa guérison.

82. **HOMMES POLITIQUES.** Huit petits billets aut. sig.
Barbès, Commissaire, Flotte, Gambon, etc. Belle-Isle, 1853.

83. **HUMBOLDT** (le baron de), illustre savant.
L. aut. sig. à Dureau de la Malle. Berlin, 28 déc. 1833. 1 p. 1/2 in-4. Cachet. Belle lettre.
Invité à faire partie d'une expédition scientifique en Algérie, il s'en défend, blâme les cruautés commises contre les Arabes, et, en général, le système suivi par les Français dans le pays : « Le projet de jeter des flots de lumière sur la Mauritanie me paraît digne d'une grande nation, quoique les motifs politiques me fassent un peu sourire. Le roi Charles X croyait aussi qu'il lui fallait une expédition d'Égypte.... J'ai peu de goût pour l'Afrique boréale. Si j'allais loin encore une fois, il me faudrait la zone torride, les volcans actifs, et une terre ébranlée par Neptune ; il me faudrait de grands monstres vivants, les éléphants, les girafes..... »

84. **JEAN BON SAINT-ANDRÉ**, conventionnel.
L. aut. sig. au ministre des cultes, Mayence, an XIV. 4 p. pl. in-4.
Curieuse lettre relative à la police du culte intérieur.

85. **JOMINI**, général et écrivain militaire. L. aut. sig. 2 p. pl. in-8. Belle lettre.
Relative à sa biographie et aux changements qu'il désire qu'on y fasse. « .....Personne n'aime à modifier le bien que l'on peut dire de ses œuvres et de sa personne. Dans l'origine, M. Thiers m'a bien pris pour guide, car il a étudié mes principes et mes relations, mais dans la suite il s'est senti assez fort pour n'avoir pas de guide, et il juge fort bien d'après lui-même.....

86. **JOSEPHINE**, impératrice des Français.
L. sig. la Malmaison, 23 septembre 1813. 1/2 p. in-4.

87. **LA BROSSE** (Guy de), fondateur du Jardin des Plantes.
Pièce sig. 1611. 3/4 de p. in-4.

88. **LACORDAIRE** (H.-Dom.), célèbre prédicateur, de l'Académie française.
L. aut. sig. Sorèze, 1859. 1 p. in-4.
Il parle de la réimpression de sa *Vie de Saint-Dominique*.

89. **LAFAYETTE** (le marquis de), général et député.
1° L. aut. sig. Paris, 1816. 1 p. pl. in-4. — 2° L. aut. sig. 1/2 p. in-8. — 3° État non signé des biens et des dettes de M. de Lafayette, janvier 1793. 10 p. 1/2 in-fol.

90. **LAHARPE** (A.-Em.), brave général suisse au service de la République française, mort glorieusement en Italie.
L. aut. sig. à Villars, ministre de la République française à Gênes. Vado, 18 vendémiaire, 3/4 de p. in-4. Cachet.
Il est pieds nus, on vient de lui voler ses bottes. Il prie Villars de lui en envoyer deux paires. « A défaut de quoi je suis forcé de garder la chambre, et ce n'est pas où mon métier m'appelle. »

91. **LALANDE** (Jérôme de), célèbre astronome.
L. aut. sig. à Waguière, Paris, 1787. 1 p. pl. in-4. Cachet.
Ayant appris qu'il travaillait à la vie du grand homme (Voltaire), il lui parle de ce qui s'est passé chez Maupertuis à Berlin, où se trouvaient La Beaumelle et Voltaire, et du peu de succès qu'il a eu dans le projet qu'il avait de les reconcilier tous deux.

92. **LATREILLE** (P. André), naturaliste de l'Académie
des sciences.
Deux let. aut. sig. Brives, 1793. 2 p. 1/2 in-8, et Paris, 1832.
2 p. in-4.

93. **LATUDE** (H.-M. de), ingénieur connu par sa longue
captivité à la Bastille.
L. aut. sig. au comte d'Angivilliers. Paris, 1er janvier 1789.
1 p. in-4.

94. **LAUS DE BOISSY** (Louis de), poëte, lit. et aut. dram.
L. sig. à Voltaire, Paris, 12 avril 1770. 3 p. in-4, prose et vers.
Jolie lettre.
Ille prie d'accepter la dédicace du *Journal du Parnasse...* On dédie le *Mercure de France* au roi des Français, il est juste qu'on dédie le *Journal du Parnasse* au roi des poètes.....

95. **LEMERCIER** (Népomucène), poëte dramatique, de
l'Académie française.
1° L. aut. sig., 1 p. in-4; — 2° Discours aut. prononcé sur la
tombe de Legouvé. 2 p. 1/2 in-fol.

96. **LITTÉRATEURS**, Vingt-deux lettres aut. sig.

97. **LOUIS XII**, roi de France.
L. sig. 7 mars 1514. 1 p. in-fol. Cachet.
Ordre de paiement à l'occasion des obsèques du duc *De Longueville.*

98. **LOUIS XIII**, roi de France.
12 let. sig. à M. le comte de Viriville, gouverneur des villes et
citadelles de Nyons et de Montélimart, de 1624 à 1635. 14 p. in-fol.
Cachets et traces de cachets.
La plupart de ces lettres sont relatives aux fortifications de Montélimart.

99. **LOUIS XVI**, roi des Français, décapité en 1793.
Sa signature et le mot *approuvé* au bas d'une quittance aut.
sig. de Randon de la Tour, de la somme de 400,000 livres à lui
comptée par ordre du roi. Paris, 10 juin 1791. 1/2 p. in-4.

100. **LE MÊME.**
Vingt-une lettres sig. par le secrétaire de la main et contresi-
gnées *Amelot, Brienne, Devergenes, Laurent de Villedeuil, Mon-
teynard* et *Ségur.* 20 p. in-fol.

101. **MAINE** (L.-Aug. de Bourbon, duc du), fils de
Louis XIV et de Mme de Montespan.
L. aut. sig. à la princesse de Conti, Marly, 1712. 2 p. 1/4 in-4.

102. **MAINE** (Anne-Louise-Bénédicte de Bourbon, duchesse
du), petite fille du grand Condé.
L. aut. à Voltaire, avec six mots aut. en tête de la main de
celui-ci. Anet, 15 septembre. 1 p. in-4.
Elle attend avec impatience *Rome sauvée* et la dédicace qu'il lui a promise.
« Avec le protecteur que vous avez, vous n'avez plus besoin de protectrice,
mais je ne puis me défendre de prendre encore intérêt à mon déprotégé.... »

103. **MAINVIEILLE FODOR** (Mme), cantatrice du Théâtre
Italien.
L. aut. sig. 2 p. in-8, relative à un concert de Thalberg, au-
quel elle désire assister.

104. **MALESHERBES** (Lamoignon de), ministre et défenseur de Louis XVI.
Notes aut. 2 p. pl. in-4.

105. **MARAT** (J.-P.), membre de la Convention, assassiné
par Charlotte Corday. Pièce sig. *Marat, l'ami du peuple,*
adm. adj., municipalité de Paris, 11 septembre 1792.
1 p. pl. in-4. Cachet.
Cette pièce, qui est aussi signée par *Panis, Froidure* et *Duplain,* porte autorisation de lever les scellés apposés au domicile du sieur *De Père.*

106. MARÉCHAUX DE FRANCE sous François 1er.

Lettres du *duc d'Alençon*, du *connétable de Bourbon*, de *Châtillon, Chabannes et Lautrec*, au roi, datées d'Attigny, de Saint-Quentin et de Beaumont-sur-Oise, du 13 juin au 12 nov. 1521. 11 p. in-fol. Documents intéressants.

107. MARÉCHAUX DE FRANCE.

Douze lettres et pièces sig. *Biron* le décapité, *Boufflers, Chamilly, Créquy* (François de), *Huxelles, La Ferté, Matignon, Montmorency* (Henry, duc de), etc.

108. MARÉCHAUX DE FRANCE

Gérard, Macdonald. 1 p. 1/2 in-fol. *Mortier*, L. aut. et L. sig. *Reille.* 1 p. 1/2 in-4, plus 6 lettres sig. En tout, dix pièces.

109. MARRAST (Armand), publiciste célèbre, président de l'Assemblée constituante.

L. aut. sig. aux avocats nommés d'office par la Chambre des pairs pour la défense des prévenus d'avril 1834 (prison du Luxembourg, 1835). 2 p. 1/2 in-4.

Pièce historique, signée de tous les prévenus d'avril, catégorie de Paris. Parmi les signatures on remarque, outre celle d'Arm. Marrast : G. Cavaignac, Vignerte, Galuard, Pornin, Kersausie, Landolphe, B. Lebon, etc. Ils déclarent à leurs avocats d'office qu'ils ne veulent pas être défendus par eux, et leur annoncent qu'ils ont fait choix de conseils. « Nous vous prévenons, en conséquence, que nous refusons et que nous refuserons toute espèce de communication avec vous... Après une déclaration aussi formelle, votre déférence aux ordres de monseigneur Pasquier ne serait plus à nos yeux qu'un acte volontaire d'hostilité de votre part... Il vous reste maintenant à juger vous-mêmes si votre dignité, celle de l'ordre auquel vous appartenez, peuvent vous permettre de vous imposer aux accusés malgré eux... »

110. MARIE-AMÉLIE, reine d'Espagne.

L. sig. avec la souscription aut. en espagnol, 25 juin 1754. 3/4 de p. in-fol. avec enveloppe et cachet.

111. MARIE-ANTOINETTE, reine des Français.

Pièce sig. avec le mot *Payez*, contresig. par *Augeard*, 1785. 3/4 de p. in-fol.

112. MAUBREUIL (M.-Arm. Guerri de), fameux par ses démêlés avec Talleyrand, qu'il accusait de lui avoir confié en 1814, la mission d'assassiner Napoléon et son fils.

L. aut. sig. à M. de Schonen, conseiller à la Cour royale. Conciergerie, 27 août 1827. 3 p. pl. in-4. *Curieuse.*

Traduit devant la police correctionnelle pour avoir donné, en public, un soufflet à Talleyrand, il se plaint vivement des entraves mises à sa défense. Tous les juges sont contre lui. On prétend le juger sans témoins et sans défenseur ; « et cela sérieusement ; on ne le croira pas dans cinquante ans... Les grands et les gouvernants ne peuvent avoir tort, quoi qu'ils fassent ; ce serait reconnaître la bonté de ma cause que de permettre que j'obtienne justice. »

113. MAUPERTUIS (de), célèbre géomètre, de l'Académie française.

L. aut. sig. à Algarotti, s. d. 1 p. 3/4 in-4. Jolie lettre.

114. MÉDECINS. Sept lettres aut. sig.

Dupuytren, 1 p. in-4. Magendie, 1 p. in-fol. Orfila, 2 let. aut. sig. Pariset, 1 p. in-4. Virey, 1 p. in-4, etc.

115. MINISTRES. Sept lettres aut. sig.

Bignon, 2 p. in-4. Cahier, 3/4 de p. in-fol. Montalivet, 1/2 p. in-4. Montesquiou, 1/2 p. in-8. Mosbourg, 2 p. in-4, et Vaublanc, 2 p. in-4.

116. MINISTRES. Douze lettres aut. sig.

Barthe, Bourguignon, Bourrienne, D'Argout, Dejoly, Dufaure, Gaudin, duc de Gaëte, Marbois, Martignac, Mollien, Salvandy et Vivien.

117. **MINISTRES** Trente lettres ou pièces sig.

118. **MINISTRES ÉTRANGERS**. Trois lettres aut. sig.
LABRADOR, 1 p. in-8. GALLO, L. aut. sig. en italien. 2 p. 1/2 in-4, et le comte de LOWENHIEM, 1830. 2 p. 1/2 in-4.

119. **MOLINE** (Pierre-Louis), avocat et auteur dramatique, né à Montpellier.
L. aut. sig. a Voltaire, Paris, 3 décembre 1773. 1 p. 3/4 in-4.
Jolie lettre de remerciements, où il est question du portrait de Voltaire, gravé par Dagotty, d'après Latour.

120. **MONGE** (Gaspard), illustre géomètre, ministre de la marine.
1° Copie sig. d'une let. de la Société populaire de Nantes, demandant que Belle-Isle soit mis en état de défense, en prévision d'une descente des Anglais; plus une lettre d'envoi au ministre de la guerre. 2 p. sig., 6 et 20 février 1793. 2 p. 3/4 in-4. — 2° 2 pièces sig. relatives à la mise en état de défense de l'île du Bas (Calvados); mars 1793. 2 p. in-fol.

121. **PAGANINI** (Nicolo), l'illustre violon.
L. sig. à M. Dupont, avocat. 1 p. in-4.
Récriminations assez violentes à propos d'une somme qu'il réclame : « Vous taxez ma conduite d'*inqualifiable* envers M. Escudier, et vous prétendez que j'ai été ingrat envers lui, d'une manière à *révolter tout honnête homme*. Mais, monsieur ! avec quel fondement avez-vous osé m'écrire de la sorte ? »

122. **LE MÊME**. L. sig.; Paris, 1838. 1 p. in-8.

123. **PANNARD** (Ch.-François), poète et auteur dramatique.
Vers aut. 2 p. in-4.

124. **PEINTRES** ET **SCULPTEURS**. Quatre lettres aut. sig.
Dagnan, Decaisne, Fragonard et David d'Angers..

125. **PÉPIN** (Théodore), compromis dans l'attentat de Fieschi et décapité avec ce dernier. Lettre aut. sig. à Ph. Dupin; Conciergerie, 30 nov. 1835, 1 p. in-8.
Il le supplie de le défendre devant la cour des pairs. « Ne refusez pas vos talents à un père d'une nombreuse famille, dont les antécédants, permettez-moi ces mots puisqu'on m'accuse, sont d'honneur et de vertus.... »

126. **POMARÉ** (Élise, surnommée la reine), célèbre danseuse du Ranelagh.
L. aut. sig. 1 p. in-8.

127. **PRADT** (l'abbé de), archevêque de Malines, publiciste fécond.
L. aut. sig., Poitiers, 1806. 1 p. in-4.
Envoi des statuts des dames Ursulines de Poitiers.

128. **RACHEL** (Mlle), célèbre tragédienne.
L. aut. sig. 2 p. in-18, avec son chiffre.

129. **RACLE** (Léonard), célèbre architecte; a construit le château de Ferney. Né à Dijon.
L. aut. sig. à Voltaire, Paris, 26 décembre 1774. 3 p. in-4.
Belle lettre.

130. **ROHAN** (Louis René-Édouard, prince de), cardinal qui joua un si grand rôle dans la célèbre affaire du Collier.
L. aut. sig. à Voltaire, Paris, 8 février 1764. 1 p. 1/4 in-4. *Rare.*
Très-jolie lettre de remerciements des choses aimables que Voltaire lui a écrites, et envoi de sa souscription pour les *Commentaires sur Corneille.*

131. **SAINT-ELME** (Ida), dite *la Contemporaine*; auteur de *Mémoires.*
L. aut. sig. 1830. 2 p. pl. in-8, relative à la publication d'un de ses ouvrages.

131 bis. **SAINT JULIEN** (Mme de), amie de Voltaire.

Six lettres aut. à Voltaire, qu'elle appelle son cher patron. S. d. 5 p. in-4 et 8 p. in-8. Très-jolie correspondance.

132. **SAINT-PIERRE** (Bernardin de), auteur de *Paul et Virginie*.

Mémoires nautiques. Manuscrit aut. sig. 15 vendémiaire an ix. 5 p. in-4, avec ratures et corrections.

133. **SAINT-SIMON** (le duc de), lieutenant-général, père de l'auteur des *Mémoires*.

L. aut. sig. 1664. 1 p. pl. in-4. Cachet.

134. **SALM** (Constance, princesse de), poëte.

L. aut. sig. 4 p. in-4. Intéressante lettre.

135. **SAVANTS**. Sept lettres aut. sig.

Bory Saint-Vincent, Geoffroy-Saint-Hilaire, Poinsot, Raoul Rochette, Silvestre de Sacy, Villoison (D'Ansse de), et Walkenaer.

136. **SAVANTS**. Seize lettres aut. sig.

137. **SCHONBERG** (Henri de), maréchal de France.

Pièce sig. avec 3 lignes aut. La Rochelle, 20 novembre 1625. 1 p. 3|4 in-fol.
Instructions données par Louis XIII en partant de La Rochelle.

138. **SIRMOND** (Jacques), jésuite, confesseur de Louis XIII.

L. aut. sig. en italien, au pape. S. d. 1 p. in-fol. avec portrait.

139. **TALLIEN** (Mme), héroïne de la réaction thermidorienne.

L. aut. sig. *Theresia Cabarus Tallien*, au ministre de la guerre. 6 messidor an iv. 1 p. in-4, plus une pétition avec une apostille de 4 lig. aut. sig. de Tallien.
Elle demande de l'emploi pour un militaire, et elle remercie le ministre de la réponse obligeante qu'il a faite à la requête qu'elle lui avait présentée à ce sujet de la part de Mme Buonaparte.

140. **TALMA**, notre célèbre tragédien.

1° L. aut. sig. à l'acteur Mériel. Rouen, 29 mars 1816. 1 p. in-4.
Il se rend à Valenciennes, à Lille, à Metz et à Nancy, pour y donner des représentations.
2° Catalogue de sa bibliothèque, avec la plus grande partie des prix. 1827, in-8.

141. **VAUBAN**, maréchal de France, ingénieur illustre et économiste.

L. aut. sig. à Mme de Matilla; Bazoche, 29 nov. 1703; 3|4 de p. in-4. Fragment de cachet.

142. **VILLARS** (Marie Gigault de Bellefonds, marquise de). Connue par ses lettres, qui ont été publiées en 1772.

L. aut. sig. Marly, 8 novembre. 1 p. in-4.

143. **VOLNEY** (le comte de), philosophe, de l'Institut.

L. aut. sig., an xiv. 3|4 de p. in-8.

144. **WILLIAMS** (Marie-Héléna), femme auteur, amie des Girondins.

L. aut. sig. à Mme Ginguené. 1 p. 3|4 in-8.

145. Sous ce numéro, il sera vendu une vingtaine de Lots de littérateurs, historiens, etc., que le temps n'a pas permis de cataloguer.

LIVRES

15. Mémoire sur les fossiles du Bas-Dauphiné. *Avignon*, 1781, in-12, br.

16. Histoire d'Alençon. *Alençon*, 1805; 1 vol. in-8, br.

17. Histoire et miracles de N.-D. de Roc-Amadour au pays de Quercy, par le P. de Gissey, in-12, rel.

18. Dictionnaire des origines et des découvertes, etc., par d'Origny. *Paris*, 1777; 6 vol. in-12 br.

19. Dissertationes de admirandis mundi cataractis supra et subterraneis, auctore J. Herbinio. *Amstelodami*, 1678; 1 vol. in-4, fig., d.-rel. mar. bleu.

20. Metamorphosis insectorum, auctore J. Goedartio. *Nedioburgi*, 1662; fig. color. — F. Redi de generatione insectorum. *Lugduni Batavorum*, 1729; 2 vol.; en tout 3 vol. in-12, cart., n. rognés.

21. Recueil de jardinage, composé par le sieur Panseron, architecte. *Paris*, 1783; 1 vol., 28 pl., in-4 rel.

22. Introduction à l'étude de l'archéologie des pierres gravées et des médailles, par Millin. *Paris*, 1826; 1 vol. in-8 br.

23. Cours méthodique du dessin et de la peinture, par Delaistre. *Paris*, 1842; 2 vol. in-8 et atlas in-4 br.

24. Tableau analytique des principales combinaisons de la guerre, par le général Jomini. *St-Pétersbourg*, 1836; 1 vol. gr. in-8 br.

25. Art militaire des Chinois, trad. par Amyot. *Paris*, 1772; in-4, fig. color., br.

26. Abrégé historique des principaux traits de la vie de Confucius, orné de 24 estampes. *Paris*, in-4, papier fort, cart., n. rogné.

27. Faits mémorables des empereurs de la Chine, orné de 24 estampes. *Paris*, in-4, papier fort, cart., n. rogné.

28. Politique à l'usage du peuple, par Lamennais. *Paris*, 1844; in-12 br.

29. Remarques sur la noblesse, par Maugard. *Paris*, 1788; 1 vol. in-8 br.

30. Manuel de géologie, par Gragnon-Lacoste. *Paris*, 1849; in-8 br.

31. Nouvel essai sur la Mégalantropogénésie, ou l'art de faire des enfants d'esprit, par Robert. *Paris*, 1803, 2 vol. in-8, d.-v. n. rognés; quelques taches d'eau.

32. Histoire des personnes qui ont vécu plusieurs siècles et
   qui ont rajeuni, par de Longueville-Harcourt. *Paris*, 1715;
   1 vol. in-18, bas.

33. Laus Ululæ. *Glaucopoli*, s. d., in-18, rel. vél.

34. Mundus symbolicus, auctore Picinello. *Coloniæ Agrip-*
   pinæ, 1695; fig. dans le texte, 1 vol. in fol., rel. vél.

35 Polygraphie et universelle écriture cabalistique de M. I.
   Trithème, abbé, trad. par Gabriel de Collange, natif de
   Tours, en Auvergne. *Paris*, 1561; 1 vol. in-4, fig., rel. v.

36. Mœurs et pratiques des démons ou esprits visiteurs, par
   Gougenot des Mousseaux. *Paris*, 1854. — Théologie cos-
   mogonique, par Ramée. *Paris*, 1853; 2 vol. in-12, rel.
   percaline.

37. Tractatus de fascinatione in quo fascinatio *vulgaris* pro-
   fligatur, naturalis confirmatur et magica examinatur, au-
   tore J. Chr. Fromann. *Norimbergæ*, 1675; 1 gros vol. in-4,
   fig., rel. bas.; quelques taches.

38. Magnétisme animal (12 pièces sur le), rel. et br.

39. Nouveau dictionnaire proverbial, satirique et burlesque.
   Paris, 1826; in-12 br.

40. Dictionnaire de l'Académie. *Paris, Didot*, 1835; 2 vol.
   in-4, d.-rel. chagrin. Exemplaire d'épreuves, avec corrections.

41. Deux albums de 105 romances et musique. 2 vol. in-fol.
   cart.

42. Collection de 170 fac-simile de personnages célèbres,
   provenant de l'iconographie des contemporains. In-fol. en
   feuilles.

---

43. Tractatus de confessionibus maleficorum et sagarum,
   auctore Petro Beinsteldio. *Coloniæ*, 1623; in-12, rel. vél.

44. Tableau de la mort des Justes, prins sur la religieuse fin
   du R. P. Ange de Joyeuse, provincial des Capucins, par
   Chavineau. *Chambéry*, 1610; in-12 bas.

45. Traité de la désappropriation claustrale, par Camus
   évêque de Belley. *Besançon*, 1634; in-12 vél.

46. La police royale sur les personnes et les choses ecclé-
   siastiques, par J. du Hamel. *Paris*, 1612; in-12 v.

47. Commentaires sur les lois anglaises, par Blackstone,
   trad. de Chompré. *Paris*, 1822; 6 vol. in-8, d.-rel. bas.

48. Exposition du système du monde, par Laplace. *Paris*, 1824; 2 vol. in-8, d.-rel. v. à nerfs.

49. Introduction au grand art de Raymond Lulle, trad. du Père de Grenade, par Pierre de Rians. *Avignon*, 1746; in-12 bas. — La vie et le martyre de Raymond Lulle, par Perroquet. *Vendosme*, 1667; in-8, rel. v.

50. Considérations politiques sur les coups d'État, par Gabriel Naudé, avec les Réflexions. *Paris*, 1752; 2 vol. in-12 v.

51. Le Guidon général des finances, par Jean Hennequin Champenois. *Paris*, 1601; in-8, rel. v.

52. De l'impôt du vingtième chez les Romains, par Bouchaud. 1766, in-8 bas. — Dictionnaire des tailles, par Loisel de Boismard. *Caen*, 1787, deux in-12 bas., etc.; en tout 5 vol. rel.

53. Les anciens minéralogistes du royaume de France, par Gobet. *Paris*, 1789, 2 vol. in-8, fig., cart. Bradel.

54. Nouveaux éléments de physiologie et histoire des progrès de la chirurgie, par Richerand. *Paris*, 1825; 3 vol. in-8, d.-rel. v. à nerfs.

55. La Jérusalem délivrée, en vers français, par Baour-Lormian. *Paris, Didot l'aîné*, 2 vol. in-4, pap. vélin, 41 fig. de Cochin, d.-bas., n. rognés.

56. Examen du discours publié contre la maison royale de France, par un catholique. 1587; in-8, rel. v.

57. Remontrances au roi sur les désordres et misères de ce royaume, par Nic. Rolland. 1588; in-8, vél. cordé.

58. Usage des postes chez les anciens, par Lequien de la Neuville. *Paris*, 1730; in-12, v.

59 La France ruinée sous le règne de Louis XIV, par qui et comment. *Cologne*, 1696; in-18, d.-v.

60. Origines gauloises, par le citoyen Latour d'Auvergne Corret. *Paris*, an V; in-8, bas., filets.

61. Essai sur l'histoire des premiers rois de Bourgogne, par Legoux de Jansini. *Dijon*, 1770; in-4, fig., d.-bas.

62. Histoire de Metz, par les religieux Bénédictins de la Congrégation de St-Vannes. *Metz*, 1769-89; 6 vol. in-4, d.-bas.

63. Abrégé chronologique de l'histoire de Lorraine. *Paris*, 1775; 2 in-12, v. — Les antiquités de Metz, ou recherches sur l'origine des Médiomatriciens. *Metz*, 1760; in-8, bas., — Coustumes générales du duché de Lorraine. *Espinal*, 1631; in-18, d.-mar r., etc. En tout 7 v.

64. Annotations sur l'histoire d'Aurillac et de ses environs,
par Raulhac. *Aurillac*, 1820; in-8 de 124 p., br. —Tableau
de la ci-devant province d'Auvergne, par Rabani-Beaure-
gard, orné de gravures. *Paris*, 1802; in-8, d.-rel. v.

65. Histoire de Chartres, du pays chartrain et de la Beauce,
par Doyen. *Chartres*, 1786; 2 vol. in-8 cart., n. rognés ;
quelques taches d'eau et des piqûres à la fin du volume.

66. Histoire générale de Provence, par Papon. *Paris*, 1777;
3 vol. in-4, cartes et fig., v.

67. Recueil d'antiquités trouvées à Avenches, à Culm et autres lieux de la Suisse, par Schmidt. *Berne*, 1760; in-4,
fig., d.-bas. — Histoire de la destruction des républiques
démocratiques de Schwitz, etc., trad. de Zchokke. *Paris*,
1802; in-8 cart. Bradel. — Tableaux des anciens gouverne-
ments de Zurich et de Berne. *Paris*, 1819; in-8, v., etc.; en
tout 6 vol.

68. Histoire de la décadence et de la chute de l'Empire ro-
main, trad. de l'anglais par Guizot. *Paris*, *Maradan*, 13 vol.
in-8, rel. v., fil.

69. Histoire constitutionnelle d'Angleterre, par Henry Hal-
lam, trad. revue et publiée par Guizot. *Paris*, 1828; 5 vol.
in-8, bas., fil.

70. Histoire d'Écosse depuis la naissance de Marie Stuart
jusqu'à l'avènement de Jacques VI, par Robertson, trad. de
Campenon. *Paris*, 1821; 3 vol. in-8, d.-v.

71. Œuvres complètes de Marmontel. *Paris*, *Verdière*, 1819;
19 vol. in-8, rel. v., fil.

72. Bibliothèque physique de la France, par Hérissant.
Paris, 1771; in-8, d.-rel. bas.

73. Vie et pontificat de Léon X, par Roscoe, trad. de l'anglais. *Paris*, 1813; 4 vol. in-8, port., rel. bas.

---

74. Charlemagne, poëme héroïque, par L. Le Laboureur.
Paris, 1666; 1 vol. in-18, rel. v.

75. Elogi composti dall' abate D. Luigi Casolini, senza la R.
Milano, 1828; 1 vol. in-8, rel. percaline.

76. Œuvres choisies de Dorat-Cubières. *Paris*, 1793; 2 vol.
in-12, br.

77. OEuvres de Malfilâtre. *Paris*, 1825; port. — OEuvres de
Colardeau. *Paris, Janet et Cotelle*, 1825; 2 vol. in-8, d.-rel.
v. à nerfs.

78. OEuvres complètes de Crébillon. *Paris, Lheureux*, 1824;
2 vol. in-8, d.-rel. v.

79. Entretiens sur la pluralité des mondes, par Fontenelle.
Paris, Janet et Cotelle, 1820; 1 vol. in-8, d.-rel. v. à nerfs.

80. Voyage d'Anacharsis en Grèce, par J.-J. Barthélemy.
Paris, Lequien, 1822; 7 tom. en 4 vol. in-8, d. rel. v.

81. Gil Blas, par Lesage. *Paris, Lefèvre*, 1836; 1 fort vol.
in-8 br.

82. Souvenirs et portraits, par de Lévis. *Paris*, 1815. — L'Angleterre au commencement du xixe siècle, par le même.
Paris, 1814; 2 vol. in-8, d.-rel. v.

83. OEuvres de Mme de Girardin. Lettres parisiennes, 1843;
in-12, d.-rel. v. fauv. Le marquis de Fontanges, 1854;
d.-rel. chagr. Poésies et Nouvelles, 1846 à 1853; 2 vol.
in-12, br., en tout 4 vol.

84. La Henriade et histoire de Charles XII, par Voltaire.
Paris, Didot, 1814-17; 2 vol. in-8, d.-rel. v. à nerfs.

85. Histoire de la vie et des ouvrages de Voltaire, par Paillet
de Warcy. *Paris*, 1824; 2 vol. in-8 br.

86. Responce de P. de Rousard, gentilhomme vendomois,
aux injures et calomnies de je ne sçais quels prédicans et
ministres de Genève. *Paris, Gabriel Buon*, 1563; in-4 de
52 p., n. br.

87. Études historiques, par Châteaubriand. *Paris*, 1838;
1 vol. in-8, portr., br.

88. Histoire d'Italie, par Guicchardin, trad. en français.
Paris, 1836; 1 vol. gr. in-8, d.-rel.

89. Histoire de la vie et de l'administration du cardinal de
Ximenez, par Baudier. *Paris*, 1855; 1 vol. in-8, papier
fort, br., avec envoi *a. s.* de l'auteur.

90. Histoire de la Révolution française, par Villaumé. *Paris*,
1851; 4 vol. in-8, br.

91. La même. Édition illustrée, 1851; gr. in-8, br.

92. Histoire de la conjuration de Louis-Ph.-Joseph d'Orléans,
par Montjoie. *Paris*, 1796; 3 vol. in-8, br. Bel exemplaire.

93. Histoire particulière des événements qui ont eu lieu en
France en 1792, par Maton de la Varenne, 1806; 1 vol.
in-8, br.

94. Correspondance entre Mirabeau et le comte de La Mark pendant les années 1789, 90 et 92, publiée par M. A. de Bacourt. *Paris*, 1851; 3 vol. in-8, br.

95. Esquisses dramatiques du gouvernement révolutionnaire de France aux années 1793, 1794 et 1795, par Ducancel. *Paris*, 1830; 1 vol. in-8, br.

96. Les chaînes de l'esclavage, par J.-P. Marat. *Paris*, 1833; 1 vol. in-8, port., br.

97. Histoire patriotique des arbres de la liberté, par Grégoire. *Paris, Havard*, 1833; 1 vol. in-8, br.

98. Lettres autographes de Mme Roland, adressées à Bancal. *Paris*, 1835. Correspondance de L. Ph. Jh. d'Orléans, 1800, port. 2 vol. in-8, d.-rel. v.

99. La Russie pendant les guerres de l'empire, 1805-1815. *Paris*, 1835; 2 vol. in-8, port. et cart., d.-rel. v. n. rog.

100. Napoléon apocryphe, par L. Geoffroy. *Paris*, 1841; 1 vol. in-8, br.

101. Histoire lamentable des cruautés, massacres, assassinats et dévastations exercées à Lyon par ceux de la religion romaine contre ceux de la religion réformée en 1572, publiée par Gonon. 1848; 1 vol. in-18, port. br.

102. Lyon en 1793, procès-verbaux de la section des Droits de l'homme pendant le siége, publié par Gonon. *Lyon*, 1847; 1 vol. gr. in-8, avec figures, br.

103. Bulletin du département de Rhône-et-Loire, du 8 août au 30 septembre 1793, publié par Charavay aîné, sur le seul exemplaire connu. *Paris*, 1845; 1 vol. in-4, d.-rel. bas.

104. Le même, br.

105. Les grands jours d'Auvergne, par Fléchier. *Paris*, 1856; 1 vol. in-8, fig., br.

106. Antiquités de Vesone, cité gauloise, remplacée par la ville actuelle de Périgueux, précédé d'un Essai sur les Gaulois, par Wlgrin de Taillefer. *Périgueux*, 1826; 2 vol. in-4, fig., br.

107. Histoire de Montauban, par Lebret. *Montauban*, 1841; 2 vol. gr. in-8, br.

108. Histoire de la ville de Rouen. *Rouen*, 1775; 2 vol. in-12, cart. n. rog.

109. Le cabinet de l'amateur et de l'antiquaire. *Paris*, 1842-44; 3 vol. gr. in-8, fig., br.

110. Principes de dessin appliqués à la pratique. *Paris, Jombert*, 1773; 1 vol. in-4, avec 100 pl., br.

111. Gazette musicale de Paris, de 1834 à 1837 inclus. 4 vol. in-4, d.-rel., maroq.; plus les années 1838, 1839 et 1840 non br.

112. Les plus belles églises du monde, par l'abbé Bourassé, illustrations par Girardet. *Tours*, 1857; 1 vol. gr. in-8, br.

113. Nouveau manuel complet des instruments d'agriculture et de jardinage, par Boitard. *Paris, Roret*, 1844; 1 vol. gr. in-8, fig., br.

114. Le guide du cavalier, par de Garsault. *Paris*, 1770; 1 vol. in-12, jolies figures, rel. v.

115. Dictionnaire géographique universel. *Paris, Kilian*, 1823-33; 20 tomes en 10 gros vol. in-8, br.

116. Nuova raccolta di 25 veduta antiche e moderne di Roma, da celebri incisori. In-fol, oblong, cart. Bradel.

117. Views, in the Himala mountains. By fraser. 20 belles planches coloriées. In-fol. grand-monde, d.-rel., maroq.

118. Oriental scenery, twenty four views in Hindoustan. From the drawings of Th. Daniell. *London*, 1797; 1 vol. gr. in-fol. oblong, rel. cuir de Russie, filets.

119. Vues pittoresques et perspectives des salles du musée des monuments français, par Réville et Lavallée. *Paris*, 1816; 1 vol. tr-gr. in-fol., orné de 20 pl., d.-rel. maroq.

120. A brief account of the subversion of the papal government, 1798, by R. Duppa. *London*, 1807; 1 vol. gr. in-8, pap. vél., figures noires et coloriées, cart. n. rog. *Rare*.

122. Vénerie normande, ou l'école de la chasse aux chiens courants, par Leverrier de la Conterie. *Rouen*, 1778; 1 vol. in-8, fig., rel. v.

123. Dictionnaire hermétique. *Paris*, 1695; 1 vol. in-12, d.-rel., maroq.

124. Dictionnaire raisonné universel d'histoire naturelle, par Valmont de Bomare. *Paris*, 1775, 6 vol. in-4, rel., v., bel exemplaire.

125. Discours œconomique, monstrant comme de cinq cens livres pour une foys employée, l'on peult tirer par an quatre mil cinq cens livres de profit honnestes, par Prudent de Choyselat. *Rouen*, 1612. 1 vol. in-12, v.

126. Dictionnaire néologique à l'usage des beaux esprits du siècle. *Amsterdam*, 1731; 1 vol. in-12, br.

127. Examen critique des dictionnaires de la langue française, par Ch. Nodier. *Paris*, 1829; 1 vol. in-8, br.

128. Origine de la noblesse. *Paris*, 1766. — La noblesse commerçante. *Londres*, 1756. Défense de la noblesse commerçante. *Amsterdam*, 1757. Essai sur la noblesse, par Descherny. *Paris*, 1814; 4 vol. in-12, dont 3 rel. v. et 1 cart.

129. La noblesse de France aux croisades, par Roger. *Paris*, 1845; 1 vol. gr. in-8, avec fig., d.-rel., bas.

130. Cris de guerre et devises des États de l'Europe, des provinces et villes de France et des familles nobles. *Paris*, 1853; in-18, br.

131. Le glaive runique, ou la lutte du paganisme scandinave contre le christianisme, traduit par Léouzon le Duc. *Paris*, 1846; 1 vol. in-8, br.

MANUSCRITS.

132. Pamiers (diocèse de). Mémoires, correspondances, procédures et autres actes relatifs aux résistances opposées par le clergé de ce diocèse contre la régale de 1680 à 1684. 30 pièces, la plupart originales, adressées au père La chaise dont elles portent des notes autog. au dos. Dossier extrêmement curieux.

133. Serte (le chevalier de) premier gentilhomme du Cardinal de Bouillon.

> 45 lettres ou pièces écrites au cardinal de Bouillon, concernant les affaires de ce prélat à la cour de Rome et l'élection de Clément XI, presque toutes ces lettres sont datées de 1694. Correspondance fort curieuse.

134. De l'autorité des rois sur les évesques, manuscrit du XVIIe siècle. 1 vol. in-4, rel. v.

135. Introduction à la connaissance des libertés de l'église gallicane, par Dom Clément. Manuscrit avec 5 lignes aut. de l'abbé Grégoire à qui il a appartenu. 1 vol. in-4, rel. bas.

136. Les Sarcellades, ou harangues des habitans de la paroisse de Sarcelles à l'archevêque de Paris, 1732. Manuscrit en vers burlesques, de 472 p., rel. bas. — Les mêmes imprimés. *Aix*, 1731; 1 vol. in-12, fig., rel.

137. Instructions chrétiennes, par feue Mme J*** B***; manuscrit de 300 p. in-32, 1773, rel. bas.

138. Intelligence de quelques endroits de la Bible, visions, prophéties, cantiques et articles de journaux relatifs aux convulsionnaires; manuscrit d'une écriture fine et tres-lisible, composé de 1746 à 1770, par le frère Gris, in-8, rel. v. Une piqûre de vers.

139. Constitutions du monastère du St-Sacrement, à Port-Royal; manuscrit d'une belle écriture du xviiie siècle. 1 vol. in-12, de 319 p. in-12, rel. vél.

140. Cérémonie pour la veture des religieuses hospitalières de Saint-Anastase, de l'ordre de Saint-Augustin. Manuscrit du xviiie siècle, de 117 pages in-4, rel. v.

141. Propre des saints de l'ordre de Citeaux. Manuscrit du xviiie siècle, d'une belle écriture. 1 vol. pet. in-4 de 140 p. rel. maroq. vert., filets, tr. dor., chiffre.

142. Calendrier historique et chronologique de l'église de Paris, contenant l'origine des paroisses, abbayes, monastères, etc. Manuscrit de 548 p.; 1 vol. in-4, 1747, rel. bas.

143. Rouen (Parlement de). Edits, déclarations du roi, lettres patentes et arrêts de janvier 1765 à juillet 1769; 86 pièces imprimées, toutes contre-signées par *Auzanet*, greffier. 1 vol. in-4, cart. n. rog.

144. Antiquités d'Arles, traitées en manière d'entretiens. Manuscrit du xviiie siècle, de 180 p. in-fol. cart.

145. Mémoires sur la vie de M. Ch. Wallon, sieur de Beaupuis, autrefois supérieur du séminaire de Beauvais, mort en 1709. Manuscrit de 228 p. in-4, cart.

146. Exposé historique des améliorations introduites depuis 50 ans dans les diverses branches d'économie rurale du département de la Haute-Saône, par J.-A. Mare, de Vesoul. Manuscrit aut. sig., daté de 1808, 23 p. in-fol., avec 4 dessins à l'aquarelle.

147. L'Hospital (Gabriel de), seigneur de Charon. Généalogie et descente de la maison de l'Hospital, devant et depuis qu'ils sont venus en France; manuscrit aut. sig., 1706, in-12, d.-rel., v., tr. dor.

148. Histoire de Mlle Dupuis et de M. Desronais, d'Angélique et de M. de Contamine, de M. de Terny et de Mlle de Bernay, de Mlle de Fenouil et de M. de Jussy, de Mlle de l'Epine et de M. Desprez, de Sylvie et de M. Desfrasnes, et enfin de M. Dupuis et de Mme de Londe; manuscrit du xviiie siècle, 1216 p. in-4, non broché.

149. Response aux réflexions de M. de la Motte sur la critique; manuscrit original de Mme Dacier, avec corrections
de sa main; 49 p. in-4, rel. v.

150. Chardon de la Rochette, helléniste et philologue.
  Notes aut. sur divers sujets de philosophie, archéologie, etc. Un
  très-fort paquet in-4 et in-8.

151. Hésiode, traduit en vers françois; manuscrit inédit du
xviiie siècle, in-fol. de 138 p., rel. bas.
  Ce manuscrit a appartenu successivement à M. Jos-Chénier, et
  à Boissonnade, et contient, de ce dernier, une note a. s. de 4 lig.

152. Procès-verbaux des discussions et délibérations des
7 bureaux de l'assemblée des notables, du 24 février 1787
au 22 mai 1788; manuscrit de 786 p. in-fol., dont quel-
ques-unes des copies sont de la main d'*Abeille*. 1 vol.
in-fol. d.-rel. bas.

153. Registre des fonds fournis pour l'opération de la destruction du vagabondage et de la mendicité, suivant les
états arrêtés par le directeur général des finances, de 1778
à fin décembre 1793; manuscrit de 300 p. in-fol., rel. v.
fil.

154. Lameth (Alexandre), constituant, général et préfet.
  1° Partie non aut. de son *Histoire de l'Assemblée constituante*, avec
  ratures et corrections aut., environ 140 p. in-fol.; 2° L. a. s. 1822,
  1 p. pl. in-4°.

155. Montlosier (le comte de), constituant, publiciste, célèbre par sa guerre contre les jésuites.
  1° *La fin de mes voyages, ou l'histoire d'Édmond, écrite par lui-
  même*, 1re partie, mss. aut., 245 p. 1/2 in-8, rel. v. C'est la propre
  vie de Montlosier; — 2° Pièce a. s.; *Clermont*, 1831, 1/4 de p. in-4.

156. Observations sur la conduite de certains individus de
Strasbourg (dénonciation très-énergique contre les membres de la municipalité et surtout contre le maire Mouet);
manuscrit de 23 p. in-12, sig. *Blaniés* (1794).

157. Relations sur les peuples de la Russie méridionale et
sur ceux du Caucase, par Lauthier, vétérinaire d'Ille-et-
Vilaine; manuscrit de 46 p. in-fol., signé, daté de 1833,
et accompagné de 12 dessins à l'aquarelle.

158. Grimoire, ou les clavicules de Salomon, rabbin hébreu;
manuscrit du xviiie siècle écrit à l'encre rouge et noire avec
figures cabalistiques, 55 p. in-fol. — Explications très-
importantes des figures et caractères chimiques, ainsi que
de la vertu et correspondance des 7 planètes terrestres
avec les 7 planètes célestes; manuscrit du xviiie siècle,

de 66 p. in-fol. — Livre des réceptions à la Kabale de Reine terrestre, 1727 ; manuscrit original de 22 p. in-4 avec armoiries, cachets et signatures, br. — Tables secrètes divinatoires du célèbre Oromasis, connu sous le titre de comte de Cagliostro ; manuscrit de 16 p. in-4.

159. Collection d'empreintes de cachets français et étrangers d'environ 800, fixées sur 30 feuilles in-4.

160. Compte de l'ordre de Saint-Louis, exercice de 1753 ; manuscrit de 120 p., arrêté et signé *Voyer de Paulmy D'Argenson* et 9 autres membres du conseil de l'ordre ; 1 vol. in-fol., d.-rel. bas.

161. Le même, pour l'année 1777 ; manuscrit de 190 pages, arrêté et signé par le vicomte et le chevalier de *Montbarrey*, *Sartine*, *D'Espagnac* et 7 autres membres du conseil de l'ordre, puis ordonnancé par *Louis XVI* et contre-signé *Montbarrey*, 1 vol. in-fol., d.-rel. bas.

162. Noblesse en 1651 et 1652 (Union de la).

Recueil de pièces originales sur l'union de la noblesse pendant la guerre de la Fronde, ses assemblés à Paris, à Châteaudun, à Nogent-le-Roi, etc., la plupart de ces pièces sont des minutes autographes de Charles d'Albert, d'Ailly-Annery, duc de Chaulnes, l'un des secrétaires de l'assemblée de la noblesse, à *Paris*. Environ 60 pièces in-fol. Documents intéressants.

ORDRE DES VACATIONS.

Lundi 19 Mars 1860. — Autographes. . . . 1 à 145.
Mardi 20 Mars 1860 — Livres et Manuscrits. 1 à 162.
Mercredi 21 Mars 1860.—Livres en lots.

AVIS

Il y aura chaque jour de vente, de 1 heure à 3, exposition des Autographes, Manuscrits et Livres, qui seront vendus le soir

Au commencement et à la fin des vacations, il sera vendu 40 ou 50 lots d'autographes, de Livres et Manuscrits que le temps n'a pas permis de cataloguer.

On paiera cinq centimes par franc applicables aux frais.

M. Charavay remplira les commissions qu'on voudra bien lui confier.

Renou et Maulde, Imprimeurs de la Compagnie des Commissaires-Priseurs, rue de Rivoli, 144.